CITERNES

Dans les Établissements militaires ou civils
et les Maisons particulières

Par le Professeur GAMA

DEUXIÈME ÉDITION

PARIS
A LA LIBRAIRIE MILITAIRE DE DUMAINE
Rue et passage Dauphine, 30.

1858

V

DE L'UTILITÉ

DES CITERNES

V

DE L'UTILITÉ

DES

CITERNES

Dans les Établissements militaires ou civils
et les Maisons particulières

Par le Professeur GAMA

DEUXIÈME ÉDITION

PARIS
À LA LIBRAIRIE MILITAIRE DE DUMAINE,
Rue et passage Dauphine, 30.

1858

AUPARAVANT

Un ouvrage que rien ne faisait attendre, publié tout-à-coup, mettant à jour des situations ignorées ou méconnues, des besoins auxquels il indique les moyens de satisfaire, des nécessités que des temps imprévus peuvent faire naître et qui réclameront de prompts secours, ou des accidents qui viennent quelquefois surprendre la surveillance la plus attentive et qu'on ne s'est pas préparé à combattre, un tel ouvrage paraît ne pouvoir manquer d'obtenir un succès que l'auteur même se serait prédit.

Tel ne fut pas le sort qu'éprouva le petit travail sur les citernes que je publiai en 1856, et néanmoins je le fais réimprimer en nouvelle édition. Les rapports de comparaison qui précèdent sont le résumé exact des détails que j'exposerai.

Par le titre que j'avais choisi, il était évident que ma publication s'adressait d'abord aux grandes administrations dont il me semblait que je pouvais espérer quelque accueil. De quoi s'agissait-il ? De procurer aux établissements militaires ou civils, à Paris, une eau de qualité irréprochable, dont on ne

1

saurait disconvenir qu'ils manquent. Une simple décision, qui ne sortait pas du courant administratif ordinaire, eût suffi pour prouver que l'on était au moins disposé à faire un essai de la proposition soumise. Or, cette décision n'a pas été prise. Je ne puis en accuser que mon défaut de talent qui ne serait pas parvenu à convaincre, outre que le peu de développement que j'avais donné à mes propositions les a fait mal comprendre.

D'autre part, pour l'exécution de la seconde partie du même titre, concernant les maisons particulières, le concours des habitants était nécessaire. Or, le débit de librairie était languissant, ou, pour mieux dire, nul ; l'idée me vint alors de brusquer en quelque sorte la publicité de mon travail. A cet effet, j'en préparai une large répartition d'exemplaires entre les douze arrondissements de Paris et quelques communes de la banlieue. Dans la lettre qui accompagnait ce don, j'exprimai à MM. les maires l'espoir qu'ils voudraient bien faire distribuer ces exemplaires aux propriétaires de maisons qu'ils croiraient les plus disposés à faire pour leur compte l'essai d'une construction de citerne ; le prix, 1 franc, devant être versé à leurs caisses respectives de bienfaisance.

Quelques-uns de MM. les maires m'ont adressé en réponse une lettre pleine d'urbanité et de gratitude ; ce qui n'était pas nécessaire, mon but n'ayant été que de mettre sous leur patronage un avis qui pouvait les concerner eux-mêmes.

Les Académies des sciences et de médecine re-
çurent, pour ceux de leurs membres à qui ils pou-
vaient convenir, les mêmes imprimés. Mais ces corps
savants, dont la capitale tire tant de lustre, ont leurs
habitudes graves et solennelles dont ils ne peuvent
s'écarter; j'en reçus un simple accusé de réception.

L'épuisement de mes ressources mit un terme à
mes libéralités. Un double motif, dont je dois faire
l'aveu, avait dicté ma conduite; d'abord il entrait,
et il entre encore, dans ma conviction, qu'il ne fallait
qu'insister pour faire adopter des idées sur lesquelles
on se montrait indifférent; ensuite, c'était que pour
les faire adopter, il me fallait des lecteurs capables
d'en porter un jugement. Ainsi se trouvent expli-
quées les démarches dont je parle, sur lesquelles
on ne pourrait que se méprendre si on les attribuait
à la crainte de subir la confusion d'un insuccès.

Cependant quelque satisfaction, venant des départements, m'était réservée; plusieurs sociétés mé-
dicales et littéraires, auxquelles des exemplaires de
ma publication avaient été envoyés, y virent le sujet
d'un rapport qu'elles chargèrent des commissions de
leur faire. Les conclusions tirées des enquêtes ou informations auxquelles on se livra, ainsi que des avis
que chacun put émettre, furent telles qu'elles je-
tèrent de l'incertitude sur l'utilité de travaux encore
en projet ou déjà entrepris, surtout de ceux qui
avaient pour objet d'amener dans les villes les eaux
de sources éloignées, destinées à la consommation
des habitants.

L'opinion émise par les sociétés des départements ne pouvait que m'attacher davantage à la pensée qui occupait déjà ma réflexion, qu'une plus grande publicité devait être donnée à la théorie qui tendait à prendre faveur, accordant la préférence à l'eau du ciel, comme boisson alimentaire, sur celle de source ou de puits, même réputée pure. Dès ce moment, je résolus de préparer l'édition que je mets au jour; désirant qu'elle soit connue par les habitants des campagnes aussi bien que par ceux des villes, des exemplaires en seront expédiés pour les lieux où des constructions de citernes paraîtront plus opportunes; les autres y trouveront des modèles. Toutefois je dois avertir que les explications dans lesquelles j'entrerai sont plus particulièrement relatives à la capitale; elles pourront être considérées, dans leurs applications, comme des points de comparaison qu'auraient à établir, selon les besoins qu'elles éprouveraient, des localités que je puis ne pas connaître.

DE L'UTILITÉ

DES CITERNES

DANS

LES ÉTABLISSEMENTS MILITAIRES OU CIVILS

ET LES MAISONS PARTICULIÈRES.

Ce que je dirai de l'armée est applicable à l'ordre civil; je les confonds dans mon esprit sans en faire de distinction.

L'armée a toujours compté dans ses rangs et dans sa composition des hommes de talents divers, des ingénieurs habiles, des administrateurs éclairés, auxquels cependant paraissent avoir échappé, dans tous les temps, les avantages que l'on peut retirer pour les grands établissements militaires, tels que les hôpitaux et les casernes, des eaux qui tombent du ciel. Je citerai pour exemple le Val-de-Grâce, que je connais particulièrement pour en avoir été pendant longtemps le chirurgien en chef.

Cet établissement reçoit ses eaux de la fontaine

d'Arcueil par des conduits souterrains qui partent d'un grand bassin de l'Observatoire, où se fait la répartition des mêmes eaux pour tous les quartiers environnants, et aboutissent à un réservoir pouvant contenir, je crois, mais ne contenant jamais, environ 24,000 litres. Ce réservoir fournit à la cuisine, à la tisannerie, aux bains, aux ménages qui habitent la maison, à la boisson ordinaire des gens de service, en partie à la buanderie, à des arrosements, à divers lavages, etc. L'eau n'est jamais abondante au Val-de-Grâce, ce que fait regretter sa destination comme hôpital, et dans les années de sécheresse, la pénurie s'en fait facilement sentir, jusque-là qu'on est obligé d'envoyer chaque jour au réservoir de l'Observatoire pour en avoir un supplément qu'il n'est pas toujours possible d'obtenir, surtout quand la source commune d'Arcueil est elle-même trop en baisse.

On s'est même vu quelquefois réduit à détacher des hommes de corvée pour aller puiser l'eau nécessaire à la Seine, d'où le transport dans des tonneaux a coûté jusqu'à 30 francs par jour (1).

L'eau manque donc en partie, pour le service, dans tout le cours de l'été.

Ajoutons qu'il n'y a aucune réserve pour éteindre un incendie qui peut éclater.

Mais ces soins d'urgence, cette insuffisance du jour, jointe à l'incertitude du lendemain, peuvent disparaître, même avec profit de qualité, car l'eau

(1) Déclaration du comptable.

d'Arcueil n'est pas pure. Les dispositions architec-
turales des toitures du Val-de-Grâce lui assurent
l'abondance en place de la disette à laquelle il est
exposé. Qu'un premier succès soit obtenu, et il est
certain qu'on l'obtiendra, la suite ne sera plus
qu'une série de succès nouveaux qui feront de
ce grand établissement un modèle des travaux, fort
peu considérable, à exécuter, pour avoir en profusion,
dans d'autres services militaires, une eau supérieure
en qualité, dans tous encore inconnue. J'espère
qu'on me permettra de continuer à prendre intérêt
au bien-être des soldats, comme si j'étais encore
attaché à l'armée, puisque la plus grande partie de
ma vie a été marquée par cette application.

Nos réflexions doivent s'étendre à d'autres grands
services de casernes ou d'hôpitaux qui se trouvent
dans des situations analogues, aux hôpitaux militaires surtout, qui ne sont autre chose, le Val-de-
Grâce lui-même, que des casernes de malades, dé-
volues à la surveillance de leurs chefs comme les
casernes de garnison. Nous avons particulièrement
en vue plusieurs casernes de l'intérieur de Paris ;
construites dans des emplacements où l'eau n'arrive
que difficilement, transportée dans des tonneaux ;
d'autres qui entourent la ville sur des hauteurs,
ou qui en sont peu éloignées, telles que celles des
forts détachés, de Courbevoie, du Mont-Valérien,
de Vincennes et autres lieux où les moyens de première nécessité dont nous parlons ne peuvent être
trop multipliés ; et, n'eussions-nous d'autre mérite

que celui d'ajouter à la prévoyance, nous aurions
encore à nous en féliciter. Dans l'enceinte de quelques forts détachés, on a établi des pompes très-
profondes, d'où les soldats tirent à grand'-peine
quelques litres d'eau, puis plus rien.

Les établissements civils sont dans les mêmes
conditions, et les mêmes réflexions leur sont appli-
cables. Citons l'hôpital de la Maternité, dans le
faubourg Saint-Jacques, où nulle part l'abondance
de l'eau n'est plus indispensable. Citons aussi ce
vaste hôpital Saint-Louis, presque isolé dans son
quartier, dont tout l'extérieur, les murs jusqu'aux
combles, comme s'ils révélaient les besoins de l'intérieur, semblent aspirer les nuées et les orages.
Quelques concessions ont été obtenues à l'hôpital
Saint-Antoine; on a consenti, sur la demande des
médecins, à n'employer que l'eau de Seine pour la
fabrication du pain. C'est un premier pas de fait
dans une voie nouvelle; on devine quelle origine
eut cette idée. Demandons encore ce que peut obtenir de nos prévisions cette malheureuse maison
de Bicêtre, lugubre asile des victimes échappées à
l'abîme des infortunes, où tant de misères accumulées
trouveraient quelque adoucissement dans des soins
hygiéniques, aujourd'hui impossibles.

Mais hâtons-nous de tirer de ce qui précède une
première conséquence que voici : c'est que pour
avoir en approvisionnement, ou pour livrer au service
courant, dans les établissements de grande consommation, les eaux qui viennent des régions célestes,

il faut les recueillir, c'est-à-dire leur ouvrir des
citernes dont voici la contenance selon leur capacité.

CONTENANCE DES CITERNES.

Une citerne de 1 mètre 60 c. contient   4,096 litres.
—   de 2 mètres   —   8,000 —
—   de 2 mètres 60 c. —   17,576 —
—   de 3 mètres (1)   —   27,000 —

Le calcul des fractions au-delà des mesures qui
viennent d'être indiquées pouvant être une cause
d'erreur dans l'estimation que l'on chercherait à en
faire, il vaut mieux se renfermer dans les limites
d'une construction régulière. L'essentiel, pour une
complète certitude, est de s'en tenir plutôt un peu
au-dessus qu'au-dessous du dernier centimètre.

Pour ne pas laisser en suspens l'attente du lecteur
qui peut désirer savoir si les eaux que nous amas-
sons dans des citernes ont quelquefois atteint la
terre, nous dirons que nous n'entendons parler que
des eaux qui tombent sur les toits, sur les dômes,
sur les plates-formes des édifices publics et autres;

(1) Une capacité mesurant six faces égales ou six côtés égaux,
est de toute nécessité une capacité cubique. Or, l'expression de
mesure métrique cube ou cubique, que nous employons, n'a
d'autre signification que celle de faire entendre que 1 mètre
cubique représente 1,000 litres d'eau concourant à compléter jusqu'au comble la contenance de cette capacité.
Quant aux mètres carrés des toitures dont il sera parlé tout-à-
l'heure, ils sont tout simplement le résultat de la mesure ordinaire des surfaces, la hauteur multipliée par la base.
Ces calculs ont été revus par M. le professeur MONTUCCI,
mathématicien du lycée Saint-Louis, à Paris, qui a bien voulu se
charger de les vérifier.

enfin, sur tous les plans inclinés qu'elles rencontrent dans leur chute, couverts diversement, tantôt en ardoises ou en tuiles, tantôt en plomb, en étain ou en zinc. Les feuilles de ce dernier métal doivent être toujours assez inclinées pour que l'eau ne fasse que passer et n'y séjourne point.

Cependant il est quelquefois utile; dans les fermes ou les campagnes, de pratiquer sur le sol un enfoncement que l'on transforme en réservoir, où l'on dirige l'eau qui tombe sur la terre, et que l'on destine à divers usages; ces réservoirs à l'air libre, pavés et relevés en maçonnerie sur leurs bords, sont fort communs dans certains pays de montagnes.

DÉVELOPPEMENT DES TOITS.

La surface de notre hémisphère, du moins en Europe, reçoit chaque année environ 80 centimètres d'eau de pluie. Or, il résulte de ce chiffre les rapports suivants :

Un développement de toit de 60 mètres carrés peut alimenter une citerne de 4,096 litres, supposée recevoir chaque jour environ........ 132 litres.

Un développement de toit de 100 mètres carrés peut alimenter une citerne de 8,000 litres, supposée recevoir chaque jour environ........ 220 litres.

Un développement de toit de 160 mètres carrés peut alimenter une citerne de 17,576 litres, supposée recevoir chaque jour environ...... 354 litres.

Un développement de toit de 180 à 190 mètres carrés peut alimenter une citerne de 27,000 litres, supposée recevoir chaque jour environ 410 litres.

Ces quantités d'eau dépassent les besoins qu'on a seulement en vue d'assurer ; l'excédant ou eau en excès est porté au dehors par une voie d'écoulement qui sera indiquée en parlant de la construction des citernes.

Nous ne devons pas omettre de dire que la quantité d'eau que reçoit chaque citerne, calculée sur celle des eaux de pluie, varie en raison des accidents des toitures, d'un peu plus ou d'un peu moins de leur développement, ce dont on doit tenir compte ; mais en général le produit se portera plutôt au-delà qu'il ne restera en-deçà d'un calcul même rigoureux. Les accidents dont il s'agit concernent surtout les retranchements ou les coupures qu'on aurait faits au plan horizontal supposé existant et intact.

Porter la mesure jusqu'à 3 mètres cubiques est le plus haut terme de construction qui nous parait admissible, et nous ne l'avons même indiqué que pour déterminer la contenance exacte de cette capacité. Une citerne de 2 mètres 60 centimètres est déjà d'une grandeur fort considérable, et il y a très-peu de bâtiments où les surfaces des combles exposées à la pluie soient disposées de manière à pouvoir alimenter une citerne de 3 mètres, tandis que presque partout elles sont en rapport avec la mesure de 1 à 2 mètres.

Nous en exceptons cependant plusieurs bâtiments de l'État, dont l'étendue est telle que les calculs les plus vastes peuvent leur être appliqués. Ce sont particulièrement le Louvre et ses galeries, le palais du Luxembourg, la Bibliothèque impériale, l'hôtel des Invalides, le château de Versailles et quelques autres édifices. Mais nous croyons devoir dans ce moment passer subitement, sans transition, à d'autres considérations importantes, pour revenir ensuite à l'examen des besoins qu'éprouvent ou que peuvent éprouver les établissements militaires ou civils, et donner la même attention aux maisons particulières. Il s'agit d'une destination nouvelle qu'auraient nos citernes, celle de devenir protectrices et secourables dans des sinistres dont nos demeures et les lieux affectés à nos institutions peuvent être le théâtre, comme aussi d'assurer la garantie de nos collections des arts et des sciences, outre que de nombreux intérêts publics ou privés, engagés dans des entreprises industrielles, peuvent en être protégés. Exposons brièvement ce qui a été fait jusqu'à présent, dans la même intention, et nous ne douterons pas que de tous les côtés se presse l'urgence pour qu'il y soit autrement pourvu.

Chacun a vu ou a pu voir, il n'y a pas longtemps encore, vingt à vingt-cinq charrettes tirées à bras, surmontées d'un petit tonneau plein d'eau, en station permanente devant la porte du musée, toutes destinées à fournir les premiers moyens de secours en cas d'incendie de la galerie des tableaux, tandis qu'on est voisin d'un toit d'où découlent parfois des torrents auxquels on ne songe point. Je ne me rendrai toutefois pas le censeur de cette mesure singulière dont je profiterai au contraire comme d'un argument, à l'appui de quelques remarques que voici.

Les travaux exécutés dernièrement dans les alentours de ces lieux avec une rapidité merveilleuse, s'unissant aux anciennes constructions, n'ont pas diminué la crainte qu'inspirait la conservation du musée, et l'architecture, dans ses plans nouveaux, n'a pas dû perdre de vue ces appréhensions. Or, elle vient de terminer son œuvre, dont l'inauguration a été faite par l'Empereur le 14 août 1857. Où tient-elle en réserve 100,000 litres d'eau dont on disposerait, au besoin, sur-le-champ? A-t-elle, pour contenir cette masse de liquide, des citernes auxquelles elle aurait donné telle forme qu'on voudra? Mais le musée n'est pas la seule partie de cette longue suite de constructions anciennes ou nouvelles, régularisant la jonction du Louvre aux Tuileries, qui puisse être menacée d'un incendie. Il faut donc encore d'autres réserves sur des points indéterminés.

On s'étonnera peut-être de l'inquiétude que me fait concevoir la conservation du musée. Oui, sans doute, je m'en inquiète, aussi bien que de celle du musée de Versailles et de toutes les collections des arts, des sciences et des lettres que possède la capitale. Je leur suis attaché comme à une gloire de ma nation, et je ressentirais un vif chagrin des

dommages que ces précieux dépôts pourraient éprouver. Est-ce que, par hasard, on voudrait, d'autre part, se montrer moins prévoyants que les auteurs de l'invention des petits tonneaux ? Leur intention était de se prémunir contre un accident qu'ils redoutaient, et aujourd'hui, à défaut d'une faible ressource dont le but était facile à deviner, on ne voit plus rien. Que serait-ce donc si je voulais m'introduire dans d'autres intérieurs qui inspirent les mêmes craintes ? M'accusera-t-on d'imaginer des dangers pour avoir occasion de les combattre ? Telle n'est pas ma pensée, mais si ce que j'écris n'est pas l'évidence même, qu'il me soit au moins permis de dire que toutes sortes de raisons se réunissent pour rappeler, en présence d'un oubli qui semble général, que des précautions sont toujours nécessaires quand on veut n'être pas surpris par un événement qui, se déclarant tout-à-coup, ne laisse plus que les regrets de l'imprévoyance.

Quelque attention particulière est bien due aux théâtres, à leurs épouvantables incendies qui ne laissent subsister que les murs, que des pierres calcinées comme sortant d'une fournaise. Ce désastre a surtout une extension déplorable, en ce que des existences nombreuses y sont compromises, des talents dramatiques subitement arrêtés dans leur carrière. L'Odéon a failli dernièrement subir, avec toutes ses conséquences, le sort dont menace ce funeste sinistre, qui ne serait pas nouveau pour lui. La flamme d'un petit foyer ignoré a pu être maitrisée par quelques seaux d'eau. Je demanderai seulement d'où provenait cette eau ? Probablement du bassin du Luxembourg. Or, ce bassin est éloigné de l'Odéon de cinq cents pas au moins. De ce seul fait je crois pouvoir conclure et dire : puisqu'on a pu laisser jusqu'à présent les théâtres dépourvus d'une réserve d'eau suffisante pour éteindre un incendie à son début, ou en arrêter les ravages déjà produits, c'est qu'on n'y a jamais pensé.

A l'incendie de la manutention militaire, de date trop récente pour que le souvenir en soit effacé de la mémoire, on vit tout le monde, n'ayant pas l'eau qu'il eût fallu, courir de côté et d'autre d'un air effaré, les hommes sortant des sacs des lieux exposés, tous les témoins cherchant à soustraire quelque chose aux flammes comme à un monstre dévorant dont rien ne ralentissait la marche. Dans le récit que l'on fit de ce terrible sinistre, on parla de la chaîne qui se forma, dit-on, depuis la rivière, malgré la distance qu'on avait à parcourir ; en vérité il eut mieux valu faire l'aveu d'une complète impuissance que de citer un pareil recours.

On veut, prétend-on, construire une nouvelle manutention en fer pour n'être plus exposé à une autre perte de plusieurs millions. Cette idée, il faut en convenir, rappelle un peu trop l'enfance de l'art.

Ainsi donc les établissements publics ou réputés tels, deviennent tout-à-coup, malgré la surveillance qui y règne, des lieux de désert et de ruine, parce

que les gardiens n'ont pas sous la main une réserve
d'eau qu'ils mettraient de la célérité à opposer au
moindre soupçon ou au plus léger indice de l'invasion d'un accident que quelques minutes peuvent
rendre formidable et invincible. N'est-ce pas encore
ainsi qu'est arrivé, le 12 septembre 1857, au plus
haut degré de destruction, l'imprimerie du *Moniteur?*
Parmi les moyens de secours, on voit figurer, avec
des succès au moins apparents parce qu'on est au
bord de la rivière, mais trop tardifs, cette chaîne
mystérieuse, toujours de si peu d'effet ailleurs.
Des femmes en forment plusieurs chaînons, en place
d'autres bras occupés à préserver des flammes les
imprimés qu'ils entassent en monceaux, les objets
fusibles ou inflammables qui entrent dans la composition d'un vaste laboratoire. Il est évident que
des instants précieux furent perdus, et j'insiste sur
ce point, parce que je suis convaincu que ce grand
désastre aurait été réduit à quelques sacrifices si les
gardiens de l'établissement avaient été en mesure
de s'y opposer.

C'est donc un nouveau système de secours qu'il
s'agit de créer, système qui a l'eau pour base et
qui exige qu'on en ait toujours des réserves dispo-
nibles, d'où il suit que l'on peut diviser les citernes
en celles qui sont uniquement de secours et en
celles que nous appellerons à double usage, pouvant
être à la fois de secours et servir aux besoins de
la vie; les premières ne conviennent qu'à quelques
bâtiments isolés ou peu habités, tels que les théâtres,

les musées, les bibliothèques. Ces citernes, une fois construites, n'ont besoin d'aucun entretien ; elles sont sous terre comme un roc à l'abri du choc des corps qui pourraient y causer quelque altération. Dès qu'on les a vues pleines, on les abandonne ; elles restent au même degré, l'eau y étant renouvelée sans qu'on s'en aperçoive, par une disposition de maçonnerie que nous indiquerons plus bas. Rien enfin n'annonce leur existence, si ce n'est la trappe qui en ferme l'ouverture.

Mais les citernes à double usage peuvent toujours remplir les deux indications, l'eau que reçoit la terre étant en assez grande quantité pour y suffire, autant cependant qu'on a suivi, dans leur construction et les services qu'on en tire, les règles établies.

Après les établissements publics, viennent se placer, comme à leur suite, des propriétés qui leur ressemblent à beaucoup d'égards, représentant des intérêts dont le mouvement fait vivre de nombreuses familles, presque des populations. Je veux parler des fabriques, des manufactures, des usines, de tous les lieux où l'industrie fait sortir des mains de l'homme les merveilles qu'elle étale à notre admiration. Peut-on apprendre sans étonnement la destruction, par un incendie, d'un des établissements de cette importance ; tous étant nécessairement, nuit et jour, assidument surveillés ? Cependant la nouvelle en est fréquente. Dans le récit qu'en font les journaux, il est, comme de coutume, parlé des moyens qu'on a opposés au feu, de la chaîne surtout, du jeu des pompes et de tous les efforts les mieux entendus, dit-on, qui furent néanmoins sans succès. C'est l'eau d'un puits, d'un courant voisin, d'une mare peut-être, qu'on a péniblement, trop lente-tement, transportée sur les lieux, et dont on suivait avec anxiété les effets imaginaires, car l'incendie n'en continuait pas moins ses ravages.

Or, les fabriques ont un grand développement de toitures; elles ont, en outre, des hangars couverts, d'autres lieux de retraite pour les animaux ou pour les approvisionnements. Rien donc ne leur manque pour se mettre en mesure d'éviter désormais de nouvelles ruines, s'ils en ont la volonté.

Pour tirer promptement et en abondance l'eau de nos réservoirs souterrains ou citernes, ce qui peut être commandé par l'urgence, nous avons essayé avec succès l'emploi de pompes à main, un peu moins fortes que celles que nous décrirons en parlant de la construction des citernes, mais dont le mécanisme est le même. Chacune de ces pompes peut être manœuvrée par un seul homme, et, au besoin, on en plonge à la fois quatre ou cinq dans l'eau. Il ne s'agit plus que d'avoir un récipient assez grand, au-dessus duquel sont placés et maintenus les becs de ces pompes.

J'ai évité de parler des institutions scolaires qui appartiennent également aux établissements publics, tels sont les lycées, les colléges, les écoles militaires, celles des arts et autres à demeures fixes. On ne saurait se figurer quel trouble peut résulter d'un incendie qui se déclarerait dans ces lieux de retraite disciplinaire, où la vue du danger pourrait faire commettre des imprudences ou entraîner à des actes de dévouement. Ces maisons, d'ailleurs, doivent prendre rang parmi celles où il conviendrait d'introduire l'usage intérieur de l'eau de citerne.

Et maintenant, que dirai-je de ce qui s'exécute sous nos yeux avec une si grande ardeur? Beaucoup d'anciens quartiers de Paris disparaissent, même depuis quelques années, et sont remplacés par des rues nouvelles, des places, des hôtels et autres bâtiments à type moderne, des promenades, des boulevards et même des jardins. Parmi les maisons, les unes sont destinées à l'habitation de ceux qui les font bâtir, les autres à une exploitation en loyers. Toutes, à peu près, sont éloignées de la rivière ou hors de portée d'un accès facile pour y aborder. Ainsi, en cas d'incendie, il ne reste de recours pour le public qu'aux fontaines intérieures et aux bornes-fontaines, dont il n'est pas nécessaire de démontrer l'insuffisance. Eh bien ! y a-t-il une seule de ces maisons qui révèle l'idée d'avoir dans son enceinte une réserve d'eau assez grande pour arrêter dès le début les ravages que peut produire un accident subit auquel toutes sont exposées ? Les incendies sont tellement fréquents à Paris, qu'il ne se passe pour ainsi dire pas de jour sans qu'on n'en compte un nouveau, quelquefois plusieurs. Mais, dirai-je, l'eau des bornes-fontaines est abondante, claire, et suit, partout où elles sont établies, les pentes du terrain qui la conduisent à la Seine. Or, n'y a-t-il pas moyen d'avoir sur ce trajet, de distance en distance, un vaste réservoir de construction pareille à celle des citernes ? Ces réservoirs seraient comme un point de station qui intercepterait le courant que l'on verrait reparaître de l'autre côté, répétant l'effet de l'écoulement du trop-plein des citernes, et, ce qui est important encore, renouvelant l'eau comme est renouvelée celle qui provient de la pluie.

Cette exécution répondrait merveilleusement à l'organisation toute municipale des sapeurs-pompiers, corps dont la capitale tire un juste orgueil, quoique sa dénomination manque d'exactitude. Que l'on considère, en effet, les services importants que rendent ces hommes intrépides, affrontant partout les dangers, toujours sur la brèche, admirables sapeurs, mais rarement pompiers. Que pomperaient-ils ? Les réservoirs de l'eau des bornes-fontaines seraient donc pour eux, quand ils auraient à s'en servir, l'occasion de justifier leur double titre.

Ce n'est pas qu'on n'ait quelquefois à faire honneur aux sapeurs-pompiers de leur habileté à manœuvrer les pompes. J'ai déjà parlé de la chaîne, de ce moyen infidèle, illusoire, auquel on a encore recours dans les incendies, faute de mieux ; j'y reviens une dernière fois pour en faire estimer la valeur, presque nulle, par une comparaison. On sait que certains forgerons ont l'habitude de faire de légères aspersions d'eau sur le charbon de leur foyer qu'ils voient languissant ; le soufflet vient bientôt après le ranimer et le rendre ardent. Or, les petites quantités d'eau que la chaîne apporte dans des seaux en cuir, contenant à peine quelques litres, et lancées au fur et à mesure qu'elles arrivent, ressemblent assez aux légères aspersions de ces forgerons; l'air, agité par en haut, repoussé par la vapeur jusqu'à le faire devenir du vent, remplit l'office du soufflet, ce qui est visible à l'œil; d'où il suit que les faibles secours que procure la chaîne sont souvent plus nuisibles qu'utiles.

Mais les réflexions dans lesquelles je m'engage, je le vois, vont s'entrechoquer si je ne cesse de parler des incendies, pour reprendre l'examen des lieux d'où nous parvient ou d'où peut nous parvenir l'eau dont nous nous servons.

Puisque les nouvelles maisons qu'on a élevées dans tant de quartiers de Paris sont aussi dépourvues que l'étaient les anciennes des moyens d'assurer aux habitants les ressources que dicterait pour eux une sollicitude prévoyante, le nouveau Paris, si cet oubli se prolonge, sera aussi imparfait que l'était le vieux. Je serais presque tenté d'accuser l'architecture qui édifie ces bâtiments, d'être en défaut. Ne semble-t-il pas, en effet, qu'elle devrait comprendre dans ses plans aussi bien ce qui est de prévision que ce qui est du moment? Pour moi, je crois qu'en même temps qu'elle fait creuser la terre pour construire des caves qui seront sous l'habitation, elle devrait aussi la faire creuser, dans un emplacement choisi d'avance, pour établir des citernes. Ce sont des travaux préparatoires à l'édification du reste.

Soyons juste, pourtant. Si l'architecture répète dans ses constructions les imperfections que nous signalons, comme ses devanciers les ont répétées dans les leurs, c'est bien plutôt à la médecine qu'il faut s'en prendre, car c'était à elle d'éclairer les constructeurs, c'était à elle de rappeler l'attention qui se détournait de l'eau de pluie, d'en conseiller l'usage, et insensiblement on eût deviné quels divers secours on pouvait en tirer. Or, elle ne l'a jamais fait. En adoptant d'antiques croyances ou d'antiques théories qu'elle aurait dû bannir de ses institutions, la médecine est restée perpétuellement en dehors d'une question qu'elle n'a pas pris la peine d'examiner, et aujourd'hui encore, ceux qui l'exercent, à l'exception d'un fort petit nombre, s'abandonnent à la même indifférence. Quelques lignes historiques serviront de preuve à ce qui vient d'être dit.

Dans son célèbre *Traité des Airs, des Eaux et des Lieux,* Hippocrate ne proscrit pas absolument l'usage de l'eau de pluie, mais il recommande avec insistance les eaux de sources vives et claires, donnant la préférence, ce qu'il explique à sa manière, aux sources tournées vers l'est. Les Romains, toujours portés à imiter les Grecs, n'en demandèrent pas davantage. Leur politique les rendant désireux d'être utiles aux peuples qu'ils soumettaient à leurs lois, ils recherchaient avec soin les sources vives et abondantes, qu'ils conduisaient quelquefois de fort

loin dans les villes populeuses. On rencontre souvent
en Espagne d'anciens aqueducs romains en ruines,
mais d'autres ont été entretenus et servent toujours
au même usage, notamment à Séville et à Ségovie.
Les traditions romaines se perpétuent d'ailleurs
dans ce pays, où les citernes sont à peu près incon-
nues.

Dans les Gaules reconquises, les peuples imitèrent
les Romains, c'est-à-dire suivirent les théories
traditionnelles des Grecs, amenant dans les villes les
sources vives et abondantes, mais plus rarement, parce
que l'usage des puits, sans doute fort ancien, s'était
généralement répandu et que les villes comme les campagnes y avaient souvent recours. Les anciens aqueducs furent donc négligés avec d'autant plus de raison
que beaucoup d'entre eux étaient devenus sans objet,
les sources qui les avaient fait construire s'étant
taries ou ayant changé de direction. Ce qui reste de
ces constructions, dans certaines contrées de la
France, est même pour les investigateurs des anti-
quités un sujet de problème. Néanmoins, plusieurs
de nos grandes villes reçoivent encore leurs eaux de
la même manière, soit qu'elles en aient conservé les
premiers aqueducs, soit qu'elles en aient construit
de nouveaux sur un semblable modèle. Les Grecs
s'étant laissé séduire par l'attrait que leur offraient
les sources vives et claires, comme ils les appelaient,
négligèrent l'eau de pluie. Si, plus à même de se
rendre compte des qualités si diverses des eaux, ils
avaient pu, par préférence, donner leur aveu aux

citernes qui leur étaient connues, leurs infatigables imitateurs en auraient semé les Gaules et l'Espagne. Le sort de l'eau de pluie dépendit donc d'une sorte de caprice et du défaut d'instruction de ces temps. N'est-il pas évident que nous subissons encore les mêmes influences? Voilà tout ce qu'apprend l'histoire sur ce sujet considéré par abstraction.

Dans tous ces travaux hydrauliques exécutés par les villes qui s'emparaient des sources pour les conduire dans leur intérieur, détournant les cours d'eau à leur profit, multipliant les recherches sur le trajet supposé des anciens aqueducs, les médecins qui en étaient témoins ne prirent jamais la défense de l'eau de pluie; ils la laissèrent dans l'abandon où ils la voyaient dédaigneusement jetée. Possédant, depuis les progrès de la chimie, science moderne, les réactifs nécessaires à l'analyse des eaux en général, ils indiquèrent, eux ou les chimistes proprement dits, les substances étrangères que contenaient celles qu'ils soumettaient à leurs opérations. L'eau de pluie, n'offrant aucun précipité à l'analyse, fut déclarée par eux, pour son degré de pureté, l'égale de l'eau distillée, mais on sembla se tenir en garde contre son usage.

Depuis quelque temps, les journaux ont publié, par intervalles plus ou moins rapprochés, des articles fort curieux, tirés des archives de la capitale, sur les travaux qui ont été exécutés depuis quatre ou cinq siècles, pour amener, de points rapprochés ou situés à d'assez grandes distances, les eaux dans Paris. Les nombreux détails dans lesquels on entre font connaître les diverses entreprises tentées à des époques qui remontent jusqu'au XIVe siècle, les marchés conclus, les succès et les non-succès, les concessions accordées, les dépenses d'entretien et la balance des revenus qui y apportait quelque diminution. Par des combinaisons savantes, mises en pratique selon les lois de la physique, on est parvenu à faire remonter l'eau de la Seine dans la ville et à en alimenter les fontaines. Puis, et récemment encore, avec le secours du puits de Grenelle, on a pu donner à l'eau des directions plus multipliées et former de vastes réservoirs; reste à savoir si ces dépôts, qui ont pour but d'entretenir le cours de l'eau dans toute la distribution qu'on lui donne, se trouvent aussi à proximité des lieux qui peuvent en avoir le plus pressant besoin. Certes, tous ces travaux ont mérité la reconnaissance de ceux dont on avait en vue le bien-être, et les résultats en sont admirables.

Il n'y a qu'une chose que j'ai cherchée en vain dans tous ces récits historiques, jusqu'au dernier, car ils ont pris fin, de travaux dont on n'aperçoit même pas encore le terme : c'est l'appréciation de l'utilité dont aurait pu être l'eau de pluie dans ce grand concours des autres eaux qui donnent le mouvement et la vie à tous les quartiers de la cité : pas un mot n'en est dit.

Il est donc bien temps, ce me semble, qu'elle ait enfin son tour de revanche.

DES INONDATIONS.

Au moment où j'écrivais les lignes que l'on vient de lire, j'étais loin de penser que j'aurais bientôt à prendre la défense de l'eau de pluie, accusée d'être la cause des inondations qui assignent à l'année 1856 un rang de funeste souvenir. Les erreurs étaient telles dans ce qu'on racontait, dans ce que les journaux publiaient, enfin dans les prétendues nouvelles que chacun se communiquait, que je me vis obligé d'ajouter à ma publication, qui avait paru, un feuillet séparé que je vais reproduire.

« *Note additionnelle après l'impression.*

« Les pluies surabondantes que plusieurs départements ont pu recevoir dès les premiers mois de l'année ne sont que pour peu de chose dans les inondations qui désolent actuellement une partie de la France, et qui sont dues à la fonte subite des neiges des montagnes de la Suisse, des Cévennes et des Pyrénées, par un soleil prématuré d'avril. C'est une anomalie de saison dont les désastres ne doivent pas retomber en accusation contre l'eau de pluie qui n'y a qu'une faible part.

« Ces réflexions paraissent nécessaires, car on est trop généralement porté à croire que les pluies, dont le ciel est alors toujours chargé, sont la cause du débordement des fleuves et des rivières de source sortant des montagnes. La pensée ne s'arrête pas sur les torrents qui affluent de part et d'autre dans les régions élevées, et suivent les pentes que leur offre le terrain jusqu'au cours d'eau qui grossit en raison de la masse des avalanches neigeuses, devenues avalanches liquides, qu'il reçoit. Les courants qui résultent de cette transformation, à laquelle toutefois la pluie peut concourir, ont une vitesse d'autant plus grande qu'il a fallu peu de temps pour l'opérer; cela explique la rapidité quelquefois étonnante avec laquelle ils parviennent au terme de leur chute. On est averti que la décroissance va paraître quand l'eau amène des productions terrestres, telles que des pommes sauvages, qui indiquent que les pentes sont mises à nu. Il y a, comme l'on voit, une grande différence entre les inondations de montagnes, si l'on peut s'exprimer ainsi, et celles de la pleine; celles-ci, pour venir des pluies que fournissent aussi les hauteurs voisines, sont plus paisibles, ne s'étendent pas loin au-delà des limites riveraines qu'elles ont franchies, et n'offrent jamais à leur suite l'affligeant spectacle dont nous sommes témoins, celui de la dévastation de contrées entières et de la ruine des habitants au secours desquels l'Europe, dans ce moment, s'empresse d'accourir. »

Cette explication, je le reconnais, n'était pas de la science, mais elle prouvait au moins que la pluie se trouvait en dehors des causes réelles de ce terrible et subit évènement qui éveillait tant de sympathies et portait quelquefois jusqu'à l'héroïsme l'élan des secours que l'on prodiguait aux victimes.

Il est à remarquer que la fonte des glaces, dans les mers du Nord, coïncida avec celle des neiges sur les montagnes de nos environs ; la rapidité en était telle que bientôt, disait-on, il serait possible aux plus grands bâtiments d'entrer dans la Baltique. L'ordre qui règle l'univers a ses mystères ; le désordre marqué par les cataclysmes les plus effrayants, ou par l'ébranlement de la terre, a-t-il aussi les siens ?

Une lettre que l'Empereur écrivit au ministre des travaux publics, publiée par le *Moniteur*, mit fin aux suppositions qui préoccupaient toutes les têtes ; elle fit plus, car elle semble faire pressentir l'impossibilité d'exécuter les travaux que chacun, comme de concert, croyait pouvoir demander pour prévenir sûrement le retour de ces désastres. C'est qu'en effet, la lettre impériale, remontant à l'origine et aux causes des grandes inondations, ne peut en décrire l'invasion sans faire sentir qu'on a alors devant soi, pour ainsi dire, un océan qui descend des montagnes, contre lequel les efforts les plus prodigieux de la puissance humaine ne peuvent rien. Les grandes inondations proviennent donc seulement des hautes montagnes. Or, de celles-ci, la France a les siennes propres ; d'autres, appartenant à la Suisse, sa voisine, lui lèguent un tribut souvent redoutable. Les fleuves inondants de ces origines sont, dans leur rang de gravité, le Rhône, la Loire, le Rhin, la Garonne, y compris quelques-uns de ses affluents des Pyrénées.

Ces grandes inondations ont lieu au printemps; elles ne manquent jamais dans les temps ordinaires, mais il est rare, si même on l'a vu quelquefois, ce dont on paraît n'avoir pas souvenir, que la fonte des neiges qui les produit ait été aussi subite et aussi complète qu'elle l'a été en 1856.

Leur impétuosité et l'abondance de leurs eaux les rendent indomptables. Cependant un ingénieur des Ponts-et-Chaussées vient d'émettre à cet égard une théorie nouvelle qui tend à faire croire le contraire, au moins jusqu'à une certaine possibilité. Elle a pour but de diriger la masse inondante sur une aussi grande étendue que possible de terrain non inondé. Pour obtenir cet effet, des barrages, transversaux ou obliques, sont placés dans des lieux étudiés d'avance, le long du fleuve dont le débordement est prévu, inévitable; ils détournent successivement une partie de l'eau, et diminuent de même la force d'impulsion du courant, jusqu'à la mettre dans l'impuissance de nuire. Cette idée, applicable à tous les cours d'eau inquiétants, sera probablement érigée en principe dans les travaux qui auront pour objet, à l'avenir, de prévenir ou de combattre les dangers des grandes inondations. Au surplus, il se peut que j'interprète mal les vues de l'auteur qui s'est fait connaître, et dont je n'ai à parler qu'à propos de l'eau de pluie que je cherche à venger des injustes accusations dont on la charge.

Du débordement des rivières de la plaine, accru par l'eau qui ruisselle des hauteurs voisines, comme on le voit pour la Seine, résultent des inondations qui appartiennent à l'hiver, dues à la fonte des neiges dont la terre était couverte, et à la pluie qui l'accompagne ordinairement. Ces larges débordements sont, en général, sans danger, profitent même à la terre, ce qui est maintenant prouvé, et il n'y a que les endroits où l'on veut, par habitude, resserrer les rivières dans leurs digues que quelques dégats locaux se produisent sous la violence des vagues dont on gêne le passage.

Restent les inondations des gorges de montagnes, des vallées, des ravins qui en éprouvent les effets diversement. Les habitations situées sur les pentes ou les revers du terrain laissent passer, s'il s'en forme, les torrents dont elles n'ont rien à redouter, mais les lieux bas sont inondés. Les habitants qui hasardent des cultures dans ces situations trop basses, qui y fixent leurs demeures ou établissent sur un cours d'eau quelque usine trop peu résistante, doivent connaître leur pays et savoir à quelles chances ils s'exposent.

Tant d'écrits ont déjà paru sur les inondations, tant d'opinions diverses ont été émises, qu'on doit s'étonner que du pour et du contre ne soient pas nés enfin des avis qui auraient mis un terme aux discussions d'où le sujet ne sortait que rendu plus obscur par les nouveaux problèmes qu'il offrait à résoudre. La crainte de voir l'eau envahir des terres labourables paraît avoir été la cause principale des alarmes qu'inspiraient les débordements, et la

théorie qui tend précisément à favoriser cet enva-
hissement sera peut-être la seule qui parviendra à
concilier les dissidences que de part et d'autre on
voit encore se manifester.

CONSTRUCTION DES CITERNES.

On a peu l'habitude de ces constructions dans
notre pays, si ce n'est dans les localités où, par
nécessité, on est obligé d'y avoir recours, ce qui
s'exécute fort irrégulièrement. Partout ailleurs,
quand un propriétaire veut pourvoir sa maison d'une
citerne, il prend, auprès des gens du métier, des
informations sur les procédés à suivre, sur les
dépenses à faire, et n'en recevant d'ordinaire, faute
d'expérience, que des réponses vagues, il recule
devant l'incertitude. Il importe donc de prouver que
la question sur laquelle il désire être éclairée est
des plus simples à résoudre, et que chacun peut,
dans l'exécution de ce travail, être son propre ar-
chitecte et son maître-ouvrier. Nous prions qu'on
ne nous reproche pas d'exposer, avec des détails un
peu étendus, des travaux qui paraîtront peut-être
trop manuels.

On comprendra facilement que je mets à l'écart
les travaux qui s'exécutent au compte du Gouvernement ou des autorités administratives locales, et
que l'on confie à des hommes sur la capacité desquels je n'élève aucun doute. Ce que j'ai dit en
commençant m'est particulier. Ayant voulu avoir

une citerne dans le lieu où je demeure, j'ai été obligé de la faire construire moi-même, tant j'ai trouvé peu habiles à faire ce que je leur demandais les ouvriers auxquels je m'étais adressé, même un entrepreneur de maçonnerie. J'ai donc dû prendre la direction de ce que je faisais exécuter, ce qui a été pour moi un sujet d'étude, et je crois être parvenu à donner à ma citerne, qui n'est que de 1 mètre 60, assez de perfection pour que je puisse y trouver un modèle dans ce qui concerne les constructions que j'indiquerai. Les services continuels qu'elle me rend depuis quatorze ans n'y ont pas encore apporté la moindre dégradation.

Il faut, pour l'établissement d'une citerne dans une propriété particulière, choisir un emplacement situé à l'ombre. Après avoir creusé suffisamment la terre, car nos citernes ne sont pas édifiées à la surface, l'ouvrier maçon place sur un fond solide une première couche de bâtisse, puis successivement une autre qu'il fait remonter pour former les côtés, leur donnant partout l'épaisseur de 70 centimètres au moins, et ayant soin de tenir les coins ou angles intérieurs un peu arrondis dans toute leur longueur, jusqu'à la voûte qui n'a besoin que de l'épaisseur d'un mur ordinaire : les matériaux se composent, autant que possible, de pierres meulières et toujours de chaux hydraulique, ou de mortier au ciment romain. Ce dernier mortier n'exige pas aussi impérieusement que les pierres soient meulières, mais il augmente de quelque chose les dépenses.

Le sable de rivière, débarrassé seulement des gros graviers, entre pour la moitié ou même pour les deux tiers dans la composition du mortier au ciment, que l'on prépare au fur et à mesure qu'on l'emploie; excepté que pour le revêtement intérieur des murs, le sable doit être plus fin.

La profondeur du creusement de la terre est nécessairement variable; pour une citerne de 2 mètres cubiques, il faut creuser la terre à 3 mètres de profondeur, sauf les exceptions dont nous parlerons.

Sur le mur de l'un des côtés, et même, si l'on veut, sur deux murs opposés, en même temps que se construit la voûte, est ménagée une rigole de 10 à 12 centimètres, régnant dans toute l'épaisseur du travail, et destinée à l'écoulement du trop-plein de la citerne qui se perd dans les terres environnantes. Toutefois, si les localités ne permettent pas de laisser ainsi pénétrer les terres environnantes, on renonce à la rigole, et le trop-plein, fréquent surtout après un orage ou une averse, prend la voie d'écoulement qu'on lui trace et qui le conduit à distance.

La voûte est interrompue sur un des côtés par une gorge carrée d'environ 30 centimètres de hauteur, se terminant au niveau du sol et devant être assez large pour permettre à l'ouvrier de descendre dans l'intérieur. Il est bon que cette gorge, si l'on s'est servi de chaux hydraulique pour la bâtisse, soit revêtue en dedans par une couche de mortier au ciment romain, pour éviter le soulèvement du

mortier à la chaux qui, n'étant pas en contact avec
l'eau, se détache facilement et tombe. La gorge est
fermée par une trappe en fort chêne, doublée de
zinc du côté de la citerne, et armée d'un anneau en
fer qui sert à la soulever.

Un des angles de cette trappe est tronqué de façon
à laisser libre, avec le concours du bâti à l'endroit
correspondant, une ouverture où passe le tuyau
d'une pompe d'un mécanisme fort simple, celle que
les fabricants du genre appellent un bat-beurre ou
pompe à main. J'en ai parlé déjà, mais je dois en
donner une plus complète description. C'est un objet
de douze à quinze francs, sans y comprendre cependant la partie du tuyau qui plonge dans l'eau et qui
doit être en étain ; le reste de la pompe est en fer-blanc
ou en tôle. Le mécanisme à soupape de la pompe tient
à une tige ou tringle en fer qui a toute la longueur
du tuyau, terminée par un manche, et qui doit être
fortement étamée, ou, mieux encore, recouverte
d'une feuille épaisse d'étain roulée sur le fer, et
que l'on fixe en haut et en bas par la soudure.
L'oubli de cette précaution, de même que la substi-
tution de quelque préparation de fer à l'étain du
tuyau de la pompe (le zinc et le cuivre sont exclus),
rendraient d'un jour à l'autre inévitablement l'eau
ferrugineuse.

Des tuyaux en terre cuite ou en fer de fonte,
placés dans un enfoncement convenable depuis la
gouttière, viennent s'ouvrir à l'intérieur de la gorge
du côté dont on a fait choix.

. La trappe doit rester en place et fermer hermétiquement l'ouverture pendant deux ou trois mois , à l'exception des jours où l'ouvrier a besoin de descendre dans l'intérieur pour perfectionner son travail, c'est-à-dire pour resserrer les couches de mortier, et rendre unies comme une glace les surfaces intérieures, soin dont un maçon un peu expérimenté s'acquitte à merveille.

Au bout de ce temps, on ouvre un libre passage à l'eau, qui prend, par son premier séjour, un goût de chaux dont on pourrait s'inquiéter, mais qui est d'une innocuité complète, et que la succession de nouvelle eau dissipe d'ailleurs en peu de temps.

La bâtisse au ciment romain n'exige pas ces travaux secondaires et ne demande que quelques jours d'intervalle, après qu'on y a mis la dernière main, pour être livrée à l'abord de l'eau.

Une difficulté de construction peut se présenter. Dans certains pays, l'eau terrestre est tellement rapprochée de la surface qu'il est impossible de creuser suffisamment la terre pour asseoir la base de maçonnerie, de façon à ce que la citerne ne dépasse pas le niveau du sol. On est donc obligé d'en laisser au moins une partie en dehors ; dans ce cas, le trop-plein ne peut s'écouler que par la gorge : c'est, à proprement parler, un dégorgement. Une pompe ne peut pas non plus être adaptée aussi simplement que nous l'avons dit à ce travail qui sort des règles ordinaires ; il faut ou la modifier ou la remplacer par un autre moyen : tel serait, par exemple, un robinet en plomb ou en étain qui serait placé à une certaine hauteur depuis la terre. Ces citernes peuvent être construites dans une cave, un cellier ou dans toute autre partie sombre de l'intérieur d'une maison ; cette situation est même préférable, car si une grande partie du corps de la bâtisse était largement exposée à l'air extérieur, on aurait à couvrir le tout, jusqu'à terre, d'un toit épais en chaume, pour conserver la fraîcheur de l'eau en été, et l'empêcher de se congeler en hiver.

Une citerne de construction ordinaire, dans un emplacement situé à l'ombre, exige quelquefois une assez longue suite de tuyaux pour y arriver depuis les gouttières, ce qu'on a dû prévoir avant de choisir le terrain. Dans d'autres localités, on estime, vu la longueur de la distance, qu'il y a impossibilité de s'écarter du lieu où aboutissent les gouttières, autant qu'il le faudrait pour arriver à une situation plus désirable, et on est obligé de laisser l'emplacement où l'on s'est décidé à construire, exposé aux rayons du soleil. Le moyen que l'on peut opposer alors à un excès de chaleur ne serait pas sans agrément, surtout si la citerne est établie dans un jardin ; il consiste dans une plantation d'arbustes touffus et un peu élevés autour de la trappe, couverte elle-même de quelque manière. A défaut d'arbustes, un fort paillasson, contenu dans une toile cirée noire, conserve à l'eau de la fraîcheur, mais l'ombre est toujours préférable. Telles sont les conditions à remplir ; je n'en omets aucune.

Une citerne de 1 mètre 60 centimètres cubiques peut suffire aux besoins d'une maison habitée par quatorze à seize personnes. Les frais de construction, tout compris, jusqu'au moment de s'en servir, peuvent s'élever à 400 francs.

Une citerne de 2 mètres cubiques peut suffire aux besoins d'une maison habitée par quarante à cinquante personnes et même plus.

Les propriétaires de maisons spacieuses en revenus de loyers pourront, par prévision d'un besoin extraordinaire, juger nécessaire d'avoir deux citernes de cette capacité.

Les frais de construction d'une citerne de 2 mètres, tout compris jusqu'au moment de s'en servir, peuvent s'élever de 550 à 600 francs.

Les totaux de ces dépenses résultent de nouvelles estimations inférieures à celles qui avaient été indiquées primitivement.

Tous les quatre ou cinq ans, il peut être nécessaire de retirer du fond des citernes une partie du limon provenant de la poussière dont l'eau a pu se charger en tombant, ou dans son cours. On se sert, pour cette opération, d'une forme de drague à long manche, d'un facile emploi.

Les citernes de 2 mètres 60 centimètres cubiques appartiennent déjà aux travaux que le Gouvernement ou les grandes entreprises peuvent seuls faire exécuter. Je ne m'y arrêterai pas.

Les diverses situations topographiques des maisons ou habitations de ville ou rurales, fermes et autres, exigent quelques observations particulières que nous allons présenter.

Toutes les fois qu'on est obligé, pour arriver à une source souterraine dans l'établissement d'un puits, de creuser la terre à une grande profondeur, par exemple au-delà de 10 à 12 mètres, ce que la connaissance des lieux peut faire prévoir et apprécier, l'attention doit se porter de préférence du côté des citernes, dont la construction est plus facile et moins dispendieuse. Il est vrai que l'on doit considérer les exigences, c'est-à-dire quelle est la quantité d'eau dont on a besoin, sur quoi on est souvent porté à se défier du produit des citernes, qu'elles ne manquent cependant jamais de fournir, tandis qu'il n'en est pas de même des sources que l'on a rencontrées. En effet, quelquefois des puits, même profonds, restent à sec la moitié de l'année, et si l'on habite une maison isolée ou une ferme, force est alors d'envoyer chaque jour chercher la provision d'eau du ménage à une grande distance, de mener les bestiaux, pour les faire boire, à un ruisseau ou à un étang éloignés, tandis que l'on voit tranquillement, par prévention contre elle, l'eau de pluie s'écouler des toits et se perdre dans les chemins ou les égouts. Les puits, sur des hauteurs même peu élevées, eut-on réussi à trouver une source abondante, sont toujours suspects ; cet emplacement seul doit faire pencher en faveur d'une citerne, si une question de préférence est agitée entre elle et un puits dans une construction encore en projet. Au surplus, nous aurons à revenir sur cette situation.

CONSIDÉRATIONS HYGIÉNIQUES.

Les observations qui précèdent donnent lieu à l'importante question des conditions exigées pour que l'eau soit propre aux besoins de la vie. Dans les lieux où la couche ambiante des fleuves et des rivières permet de se procurer facilement de l'eau, on n'est pas pour cela toujours dispensé de recourir à nos moyens, parce que cette eau, quoique d'un usage exempt de dangers sérieux, peut mériter le reproche de n'être pas sans quelque qualité mauvaise, malgré une apparence contraire. Or, cette situation est fort commune, et personne n'ignore que les terres simplement traversées par l'eau des rivières ou de tout autre courant, lui fournissent, même à peu de distance du sol, des éléments qui en altèrent la qualité. Que l'homme cesse donc, dans ses recherches de l'eau, de porter si constamment ses regards vers la terre, négligeant trop de les tourner aussi vers le ciel d'où elle lui vient en surabondance, dans son état de pureté élémentaire. Qu'il n'oublie pas que les lois naturelles qui gouvernent notre existence ne connaissent que la simplicité; dès que ce qui est nécessaire à l'entretien de la vie s'associe des principes hétérogènes, il altère son essence et devient nuisible. C'est dans cette condition fâcheuse que se trouvent les eaux qui traversent même rapidement les terres séléniteuses, argileuses et calcaires, à plus forte raison quand elles y font un long séjour.

Examinons, pour en tirer de nouvelles conséquences, d'autres eaux non souterraines, agitées ou stagnantes, universellement répandues si l'on considère l'immense surface que toutes forment ensemble, surface qui est le point de départ du phénomène de la régénération de l'eau impure et malsaine en eau primitive, si je puis m'exprimer ainsi. Telles sont les eaux de la mer dans toute leur étendue, celles des fleuves et des rivières dans leur cours, des étangs, des marais; à ces dernières, nous ajouterons celles de tous les lieux réputés exhalants d'émanations délétères. L'air agit par élimination sur ces eaux; il s'empare des parties qui conservent pures les affinités de leur essence, les disperse dans ses vastes régions et se les associe jusqu'au moment où, l'équilibre manquant entre les deux corps, l'eau forme ces masses nébuleuses gigantesques qui bientôt retombent en pluie sur le globe. C'est à tort qu'on a prétendu que l'air se chargeait et rendait en quelque sorte *sui generis*, les corpuscules ou effluves qui se dégagent des eaux ou des terrains humides tenant en décomposition des matières animales ou végétales. Le père de la médecine va jusqu'à dire que l'air acquiert alors des qualités putrides. Sans doute dans ses couches terrestres l'air peut être le véhicule de ces émanations, mais elles ne l'accompagnent pas dans une région même peu élevée. L'homme qui fuit un lieu infecté se met à l'abri du danger en se retirant sur de faibles hauteurs voisines.

Ce coup d'œil sur la formation des nuages nous montre par quelle phase unique, conforme à la simplicité des lois naturelles, passent toutes les eaux impures pour redevenir assimilables à nos organes.

L'eau régénérée, retombant en pluie, doit devenir le partage de tous les individus, soit qu'ils occupent des positions élevées dans l'ordre public, soit qu'ils appartiennent à des maisons particulières, splendides ou modestes, aux demeures des plus simples apparences, en un mot, à tous les lieux où les hommes prennent tour à tour place dans la considération des mêmes besoins.

Recueillir l'eau de pluie présente, il est vrai, comme nous allons le voir, quelques difficultés. Si tous ont le droit d'en faire usage, ainsi que nous venons de l'établir, tous cependant n'ont pas les moyens ou ne sont pas en position de se la procurer, et encore bien qu'il soit de toute justice de n'exclure personne, il semblera, néanmoins, impossible qu'il n'y ait pas des cas d'exception au précepte. Pour résoudre cette espèce de problème, il faut supposer qu'un système de compensation ou de partage peut s'établir entre voisins ou co-habitants de la même demeure, système d'après lequel l'eau que les uns n'ont pas leur serait concédée par ceux qui en ont la possession. Mais je n'insiste pas sur cette supposition, que j'ai avancée uniquement pour

montrer la possibilité d'une convention entre voisins,
dont l'eau de pluie serait le sujet. Toutefois, le
système de partage sera de toute nécessité mis en
pratique comme condition à laquelle auront à
souscrire les propriétaires de maisons en revenus
de loyers envers leurs locataires.

Sans nous arrêter davantage aux procédés employés
pour recueillir un produit que fournissent toutes
les habitations, disons seulement que l'eau qui a
subi la grande élaboration dont nous venons de
parler, que nous avons garantie d'un retour à des
contacts terreux qui auraient pu l'altérer de nouveau,
est celle de nos citernes, eau potable par excellence,
sans analogue, sans qu'aucune autre puisse lui être
comparable, même celle des fontaines les plus pures.
Du moment que, encore à l'état de pluie, elle entre
dans son réservoir, une espèce de fermentation,
prélude de repos, s'y opère, tend à faire disparaître
une nuance un peu terne, que souvent l'œil y observe,
et que l'on peut attribuer en partie à l'interposition
de l'air entre ses molécules qui ne tardent pas à se
l'assimiler, combinaison nécessaire à la digestion.
Elle reste ensuite toujours claire, toujours fraîche,
même dans les plus grandes chaleurs, vu la profondeur du lieu où elle est renfermée, et n'a pas besoin
de filtration.

Mais, j'en fais le sincère aveu, mes assertions, bien
que presque constamment affirmatives, ne sont pas
toujours soutenues par une assez grande évidence
pour qu'on ne puisse quelquefois leur opposer des

objections. Les hommes attachés à une opinion ou
à une croyance n'y renoncent ordinairement qu'autant que les preuves qu'on leur allègue de leurs
erreurs sont aussi claires que la lumière. Sous ce
rapport, il est vrai, je devrais peut-être bannir toute
crainte, car je n'avance rien qui ne marche de pair
avec la vérité. Ce n'est pas que personne méconnaisse
l'utilité d'un don naturel aussi précieux que celui
des pluies, mais après ce fait qui frappe tous les yeux,
que l'eau du ciel féconde la terre, on n'y voit plus
qu'un produit incommode, une sujétion qu'il faut
bien que l'on supporte, puisqu'elle est inévitable.
La pluie, objet d'une sorte de répulsion, devient
alors une affaire de police soumise à la rigueur d'une
ordonnance d'après laquelle les tuyaux des gouttières,
ouverts au niveau du pavé, au moins dans les
grandes villes, amènent l'eau des toitures dans la
rue qu'elle concourt à inonder, mêlée à celle qui
afflue d'autre part. Or, par cette mesure, l'usage
de l'eau de pluie est sévèrement interdit dans les
maisons. Dès lors, la défiance des habitants augmente, le soupçon d'une chose mauvaise ou suspecte
s'accroit, et leurs inquiétudes paraissant les mêmes
que celles qu'on leur témoigne, ils ne demandent pas
mieux que d'en être délivrés. L'autorité, qui veille
au maintien de la salubrité publique, ne possède
donc pas sur cette question des indices certains
que, pour mon compte, je tâche de lui donner.

Les erreurs, une fois entrées dans le domaine
des croyances populaires, y demeurent et prennent

racine. C'est ainsi que, confondant toutes les eaux qui sortent des montagnes ou seulement de quelques hauteurs peu élevées, des narrateurs parlent de l'épuration qu'elles auraient éprouvée à travers les rochers et les sables qui leur donnent passage. Vainement objectera-t-on que les rochers et les sables, matières inertes, n'ont aucune propriété dépurative, et, de plus, que des éléments solubles nuisibles, pouvant y être incorporés, sont cédés à l'eau qui s'en empare ; la foi accordée à la prétendue dépuration n'en sera pas pour cela ébranlée ; la pensée accompagnera l'eau dans tous les circuits et les filières silicieuses qu'elle rencontre ou que l'on suppose qu'elle a rencontrés, et, après l'étude de ces résultats dont se récrée l'imagination qui les enfante, chacun se prononce pour sa rivière, sa source, sa fontaine de prédilection.

Mais je vais prouver que le véritable résultat de ce qu'on appelle épuration de l'eau dans le trajet qu'elle parcourt est précisément le contraire de celui qu'on attendait et qu'on énonce. En effet, l'eau, à sa source, n'est plus une eau pure, et plus son cours s'étend, formant par les additions successives dont il s'accroît les fleuves et les rivières qui sillonnent la surface du globe, plus l'eau s'altère. Nous avons déjà agité cette question en parlant de la formation des nuages, dont l'explication qui va suivre sera le complément. Quelques circonlocutions un peu métaphysiques me sont dans ce moment nécessaires, mais j'en serai sobre.

Disons d'abord, ce que toutefois personne n'ignore, que, sans les pluies et la fonte des neiges, il n'y aurait ni sources, ni rivières; la terre ne serait point habitée, ou du moins elle ne le serait ni par les hommes, ni par les animaux qui la peuplent aujourd'hui, tous ayant besoin de la fécondité du sol alors impossible (1).

L'écorce terrestre, dont l'épaisseur, peu déterminée encore, sera, je suppose, de 10 mètres. Cette écorce reçoit les pluies et les neiges qui ne sont autre chose que des nuages glacés; elle s'en pénètre et devient, de distance en distance, par la puissance des lois physiques inhérentes, dirait-on, à sa contexture même, le véhicule qui reporte l'eau vers la surface sous la forme de sources, de courants, de fon-

---

(1) On rencontre quelquefois, à la cime des montagnes du second ordre, des sources qui jaillissent des profondeurs de la terre, dont l'eau, par ses qualités, diffère peu de celle de nos rivières, la source pouvant être assez forte pour former une petite rivière elle-même. Ce sont de véritables puits artésiens qui résultent accidentellement d'un défaut de rapprochement entre elles des masses rocheuses du globe, où l'eau s'est engagée. Les lois qui portent ces sources à la surface sont sans rapport avec celles auxquelles obéissent les sources dont il sera question dans la démonstration qui va suivre.

A cette occasion, je dirai que le manque d'eau qui s'est fait sentir dernièrement, tant en France qu'en Italie, et dont on se plaint peut-être encore quelque part, s'explique avec une facilité merveilleuse; la cause n'en est autre que l'absence des neiges dites perpétuelles des hautes montagnes de la chaîne des Alpes Ces neiges, toutes perpétuelles qu'elles paraissent, n'en éprouvent pas moins une fonte continuelle et modérée du côté de la terre, et cette fonte, que rien ne révèle à nos sens, suffit à l'entretien des sources. Or, les neiges appelées perpétuelles ont disparu en 1856 dans les inondations, et les deux hivers qui ont suivi, peu neigeux, ne les ont pas remplacées. Je laisse de côté la part qu'ont eue, à la disette d'eau, les hauteurs ordinaires et la plaine en 1857, année de sécheresse excessive sous une rare ardeur de soleil qui ne diminua qu'en automne.

taines. Au-delà de 10 mètres de profondeur, sont des sources souterraines qui n'ont plus rien de commun avec les rapports que je viens de rappeler. Dans cet ordre naturel, l'écorce terrestre est successivement pénétrée par une nouvelle eau qui suit toujours la voie déjà indiquée. C'est dans ce trajet que l'eau s'altère, altération dont très-peu de sources sont exemptes, si même il en existe.

Puisque l'écorce ou croute terrestre est la seule partie du globe qui révèle, dans le cas dont nous nous occupons, un mouvement intérieur, la vie physique, apparaissant dans les sources et les fontaines; puisque, d'autre part, les fleuves et les rivières qui naissent de ces dernières se rendent tous à la mer, l'on conçoit que, si les pluies et les neiges venaient à ne point paraître pendant un temps trop long, la mer, gagnant toujours, finirait par submerger, au moins en partie, la terre, tandis que les sources se tariraient, mais la balance est conservée; les pertes que la mer éprouve sont en proportion de ses gains, et ces pertes s'opèrent par les nuages qui s'élèvent de toutes les mers. Notre continent a les siens en partage, poussés par le vent vers la terre ou obéissant à une traction qu'exercent des phénomènes célestes, neutralisant les causes qui retenaient les nuages encore en suspens dans l'espace, et retardaient leur conversion en pluie ou en neige. Tel est pour la pluie, par exemple, l'effet électrique du tonnerre.

La formation de la grêle n'est pas connue.

On peut estimer que les nuages qui viennent des mers apportent à la terre les dix-huit ou dix-neuf vingtièmes de l'eau que l'écorce terrestre renvoie vers la surface par les sources et les fontaines.

Mais nous devons dire aussi que d'autres nuages s'élèvent des montagnes, des terres basses et humides, de fleuves, des étangs, de tous les lieux de la terre où existent des eaux soumises à l'évaporation. Ces nuages n'emportent dans l'atmosphère qu'une faible quantité d'eau qui, sous des températures diverses, se convertit en brouillard ou en rosée. L'évaluation de quantité que l'on en ferait pourrait être portée à un ou deux vingtièmes de la masse des eaux que l'air absorbe, dissémine dans ses vastes régions, et rend ensuite à la terre.

Or, nous avons démontré que toute l'eau qui retombe du ciel et que nous recevons dans nos citernes, est pure, régénérée, primitive. S'il n'en était pas ainsi, si les nuages emportaient quelque chose de ce qui est propre à l'eau de la mer, par exemple, s'il entrait dans leur composition des émanations délétères, des miasmes fournis par les corps végétaux ou animaux en décomposition, ce ne serait pas seulement l'air, comme le pensait Hippocrate, mais aussi et bien plutôt les sources et les fontaines qui auraient des qualités putrides.

Les eaux, dont les matières étrangères qu'elles prennent à la terre en altèrent le plus la qualité, ne sont cependant pas celles qui ont leur cours à l'air. Nous en avons la preuve en prenant pour exemple le grand bassin de la Seine, au milieu duquel se trouve la capitale. Les puits fort nombreux qui existent dans la ville et dans la banlieue n'ont souvent pu être établis qu'en creusant la terre, même sur des points peu élevés, à 15 et jusqu'à 20 mètres de profondeur. Ce n'est qu'alors qu'on arrive à des sources souterraines qui appartiennent aux gisements gypseux et calcaires dont nous avons déjà parlé. Quelquefois cependant un filet d'eau meilleure s'est rencontré, et on s'en est contenté. Il est remarquable que, dans ce cas, le puits n'est profond que de 10 mètres environ, ce qui fait présumer que cette faible source provient de l'eau de pluie. A cette exception près, toutes les eaux comprises dans le grand espace que je signale sont depuis longtemps connues, rangées dans une même catégorie, toutes sortent de sources semblables, et ne diffèrent entre elles que par certains degrés des qualités qui en rendent l'usage peu sûr, souvent même dangereux ; toutes enfin sont désignées sous cette qualification qui leur est commune : les eaux de Paris.

Un nouveau recensement de ces puits serait peut-être nécessaire, soit parce qu'il ferait connaître ceux dont on aurait à interdire l'usage à des familles pour qui l'achat quotidien de l'eau du ménage est une dépense onéreuse, soit parce qu'on jugerait prudent de les faire combler, ce qui serait plus sûr.

Dans plusieurs départements, les mêmes gisements calcaires existent, tantôt percés au fond des puits, tantôt à peu de profondeur du sol, comme dans les gorges de montagnes où il semblerait que les hauteurs ont été formées aux dépens des ravins, dans lesquels des sources de même eau sont presque à fleur de terre. Les habitants de ces contrées se font reconnaître de loin à leur physionomie locale et à leur défaut d'énergie. Souvent il ne faut que franchir des distances presque imperceptibles pour rencontrer d'autres populations composées d'individus, non toujours exempts des mêmes atteintes, mais qu'ils ressentent à un moindre degré, d'où résulte une différence notable entre les habitants d'un même département.

J'insiste sur ce point parce que j'ai à cœur de prouver que, chez ceux dont je parle, c'est le principe d'une organisation forte et régulière qui est atteint. En voici un exemple frappant; je le prends parmi les individus de la classe que le recrutement de l'armée appelle au service militaire. D'avance les conseils de révision, au seul nom d'un canton qui leur est connu, savent quelles difficultés ils éprouveront à composer de soldats valides le contingent qu'il doit fournir. La cause en est dans les habitudes énervantes auxquelles ces hommes ont été constamment assujettis depuis leur enfance, et on ne la peut trouver que dans la qualité de l'eau. Je sais que l'on prétend quelquefois, ce qui est surtout invoqué pour la population de Paris, que les affections de langueur dont je fais mention, les marques originaires d'un décroissement

corporel qui se répète de génération en génération,
ce qui n'exclut pas une certaine vivacité de caractère, autre signe de faiblesse, dépendent de l'air
obscur, peu vital ou trop concentré qu'ont respiré
ceux qui les présentent. J'opposerai à cette pré-
somption une observation plus concluante et que
personne ne contestera, c'est celle de pays entiers,
fort étendus, en proie à des maladies endémiques
permanentes, auxquelles les classes nécessiteuses
surtout n'échappent jamais, et dont la seule cause
est la qualité de l'eau, cause que l'on fait disparaître, selon l'adage, en la combattant par les
contraires.

Mais voici qui est plus décisif encore, car
c'est passer du précepte à l'exemple; je le prends
chez les habitants des montagnes. Ceux-ci, obligés
de recueillir l'eau de pluie et d'en avoir en provision
dans leurs citernes, peuvent bien ne pas toujours
savoir ce qu'ils lui doivent et regretter de n'en avoir
pas d'autre, parce qu'il est assez naturel à l'homme
de désirer ce qu'il n'a pas. Toutefois, quand ils sont
assez favorisés pour qu'une source, dont l'eau,
encore vierge par la raison qu'elle n'a connu la terre
que dans un court trajet, jaillisse à proximité de
leur demeure, il n'est guère d'expositions salubres
plus désirables. On remarque que ces peuples,
quand ils ne sont pas abrutis par l'ignorance,
comme en certains pays, ont une activité intellec-
tuelle d'une énergie peu ordinaire, et sont doués
de plusieurs autres avantages. Ces priviléges dont

ils jouissent ne leur sont point contestés , mais on
ne les attribue pas à l'eau dont ils font usage ; non,
elle ne compte même pas pour en être une fraction
de cause. Ils sont dus, dit-on, à la vivacité de l'air
que les montagnards respirent. Ainsi on oublie que
l'eau s'unit intimement, s'assimile, s'identifie à toutes
les parties qui composent l'organisation animale,
tandis que l'air, plus riche d'oxigène sur les hauteurs, supposition ou réalité, n'est qu'un agent
excitant dont l'effet, essentiellement vital, inces-
samment reproduit, ne laisse aucune trace.

L'examen des différentes situations auquel je me
livre, toujours dans un intérêt hygiénique, pour
faire connaître le degré d'utilité dont peut être l'eau
de pluie, m'amène à parler des localités qui tiennent
le milieu entre les montagnes et la plaine. Dans toutes
ces demi-hauteurs on ne se procure, en général,
l'eau nécessaire qu'à des sources ou à des rivières
éloignées, car les puits, quand il en existe, trop
profonds et souvent à sec, ne sont d'ordinaire
point publics. Ces situations se rencontrent presque
partout en France. Elles entourent les grandes villes
construites sur des terrains plus bas, comprennent
des villes moins considérables, des villages, des
hameaux, des habitations de grands domaines, des
fermes. Tous ces lieux, quelquefois appelés les
côtes, comptent des populations qui se considèrent
en quelque sorte comme étrangères à celles de la
plaine, avec lesquelles elles entretiennent seulement
des relations. Ce sont ces pays, tous plus ou moins

pressés par le besoin de l'eau, qui décideront, si je prévois juste, du triomphe des citernes.

Dans quelques villes, les puits qu'on a pu établir sont armés d'un appareil mécanique, d'ailleurs connu, à larges roues, dans l'intérieur desquelles des hommes s'engagent et marchent comme sur un parquet, pour faire remonter, plein d'eau, de 40 à 45 mètres et même plus, un seau gros comme un tonneau, tandis que son pareil vide redescend. Les habitants qui ont droit au partage du produit de cette source, voisine des antipodes, ignorent peut-être que les toits de leurs maisons seraient pour eux, et à moindres frais, d'un rapport plus assuré, s'ils osaient bannir la crainte que leur inspire l'eau du ciel.

Mais entre tous ces lieux qui semblent réclamer des citernes, il n'y en a pas où l'on pourrait les dire plus heureusement placées que sur les hauteurs qui entourent Paris, dans une large bande, s'étendant depuis Belleville vers Montmartre, sans sortir de l'enceinte des fortifications, et même rentrant un peu dans la ville, gagnant Passy, puis redescendant pour longer les murs de l'Ouest, passant à Montrouge, et se terminant à la gare du chemin de fer d'Orléans. L'agglomération de maisons appelée Plaisance, au-dessus de Vaugirard, assise sur des remblais montueux d'antiques carrières, sera bientôt, tant elle se peuple rapidement, une grande ville sans eau.

Les environs de Paris comptent une création

nouvelle due à une pensée à la fois généreuse et élevée qui se retrouve dans d'autres exemples déjà connus, tous formant comme un ensemble de sollicitude continuelle et de secours dont sont l'objet, tantôt des orphelins dans l'abandon, tantôt des victimes laborieuses, que le sort a trahies quelquefois au milieu d'une apparence de succès qu'avouait leur sécurité. Nous voulons signaler ici le refuge ouvert, à Vincennes, aux ouvriers sans famille que les chances peu heureuses de leur labeur jettent, sans ressource, dans l'état le plus voisin de l'adversité. L'élan qui porte à soulager leurs souffrances a éveillé généralement les sympathies qu'inspirent d'honorables infortunes que l'on ne veut point mettre en contact avec des misères dont les causes peuvent accuser ceux qui les endurent. Chacun donc s'empresse, selon ses facultés, d'apporter son offrande, voulant concourir à la riche dotation qu'on a le projet de former pour rendre perpétuelle cette institution de bienveillance. Tel est le spectacle qu'offre en ce moment à la France l'établissement nouveau modestement appelé l'asile de Vincennes. Mes propres réflexions ne diminueront point l'intérêt qu'on y attache; mais que l'on veuille bien considérer que des nécessités de tous les genres surgiront dans cet intérieur, diversifiées selon leur nombre et leur nature; si l'eau ordinaire peut y être conduite en abondance, comme on l'assure, malgré la situation élevée, les convenances les plus désirables qui puissent se rencontrer se réunissent pour n'en point exclure l'eau plus sûrement potable que nos citernes peuvent seules fournir.

Avant d'exposer ce qui me reste à dire sur les fleuves et les rivières, je reviendrai sur les deux faits suivants que j'ai déjà énoncés dans plusieurs endroits : 1° que l'eau de pluie, du moment qu'elle arrive sur le sol et le pénètre, s'y altère ; 2° qu'elle se régénère par les nuages qui ne se composent que d'éléments similaires, laissant à la terre et à la mer, d'où ils s'élèvent, tout ce qui n'est pas de même essence.

Ce serait donc vainement que l'on chercherait une eau de rivière pure, il n'y en a point. Mais les matières étrangères qui l'altèrent n'en font pas, pour cela, toujours une eau malsaine ; elle n'est telle que quand, par excès, elles s'y trouvent dissoutes ou que d'autres éléments dangereux les remplacent, tels seraient, par exemple, des oxydes de cuivre, ainsi que je l'ai vu en Espagne ; les animaux même en avaient le pressentiment et refusaient de boire à la rivière qui les contenait, quoique l'eau en fût limpide et engageante.

On n'a pas de mesure exacte pour déterminer à quel degré de quantité le mélange en dissolution des matières métalliques ou calcaires, communément rencontrées, rend l'eau de rivière impotable ; nous devons nous-mêmes en juger d'après nos propres sensations, effet d'ailleurs variable selon la susceptibilité organique des individus. L'eau de facile digestion, et telle est en général celle de nos rivières,

entre dans la consommation de manière différente.
Dans les lieux où la terre est perméable au niveau
du lit de la rivière, l'eau de la couche ambiante de
celle-ci alimente les puits qu'on a creusés dans
l'étendue de cette couche. C'est ainsi que l'eau du
Rhin parvient, à Strasbourg, clarifiée quand l'eau
du fleuve est trouble, car la terre qu'elle a traversée
lui a servi de filtre. A Paris, l'eau de la Seine ne
se trouve point sous le pavé des rues ou des cours ;
on a été obligé, pour en assurer des distributions
aux habitants, de la prendre à la rivière qui n'a pas de
couche ambiante, la ville étant dans une situation
plus élevée et presque partout sans niveau avec le lit
du fleuve. Cette disposition a exigé que l'entreprise
générale des eaux par voie de transport dans
tous les quartiers imaginât de grands moyens de
filtration, ne voulant pas livrer à la consommation
publique des eaux troubles, ce qui ne dispense pas
chaque maison de se pourvoir d'un filtre particulier,
jugé encore nécessaire.

Le Rhin a pour accessoire, à Strasbourg, une
petite rivière appelée l'Ile, venant des Vosges. Les
accessoires de la Seine sont la Marne, le canal de
l'Ourcq, la Bièvre, les sources de Rongis et d'Arcueil, les eaux tirées de Belleville, des prés Saint-
Gervais, de Romainville. Toutes ces provenances
ont le même caractère que la Seine, aux différences
près de la quantité des matières salines qu'elles
tiennent en dissolution. Ces deux exemples doivent
suffire pour tirer les conséquences de la manière

dont les autres rivières servent aux besoins des habitants, dans les villes et autres lieux voisins de leur cours. Celles qui ont leur embouchure à la mer peuvent, jusqu'à une certaine distance, si la terre est assez perméable pour permettre au fleuve d'avoir une couche ambiante, remplacer l'eau saumâtre fournie par les puits qu'on a creusés, ou par les fontaines qui se sont formées trop près du rivage. On a, pour cet effet, à consulter le terrain.

Dans les grandes villes, notamment à Paris, ce n'est pas à l'eau de la rivière qu'on y fait rayonner jusque dans l'intérieur de la cité, ce n'est pas non plus à celle qu'on amène de grandes distances pour lui donner la même distribution, que l'on se confie pour assurer les soins hygiéniques locaux qu'exigent les grandes populations ; ces eaux seraient insuffisantes. C'est de l'eau de pluie seule que l'on attend ce secours sanitaire. Les voies lui sont préparées ; partout les inclinaisons du pavé indiquent la direction qu'elle doit suivre. En temps d'orage ou lors d'une forte averse, tout ce monde que l'on voit occupé dans les rues sait ce qu'il a charge de confier à l'eau, qui s'engouffre dans ses couloirs souterrains. Mais que devient cette eau ? Elle débouche de divers points à la rivière par des ondes dont la réunion forme subitement un flot extraordinaire que l'on voit, l'instant d'après, dispa- raître, emportant tous les amas inquiétants, tout ce qui n'est pas sable ou terre inerte. Dans aucun temps, d'ailleurs, le mouvement rapide et intestin des fleuves, l'agitation incessante de la masse de leurs eaux, ne laissent en arrière rien de ce qui eût appartenu à des matières liquides infectes qui se perdent dans le courant. Cependant le soupçon du contraire est assez répandu, et j'ai dû moi-même, à cet égard, réformer en quelque chose mon jugement.

Tel est le grand effet que la salubrité publique obtient de la pluie. Mais pourquoi, jusqu'à présent, dans les mêmes lieux, ne lui a-t-on connu que ce seul privilége ?

N'ayant à revenir sur aucune des démonstrations dont se compose mon travail, je n'ajouterai, en terminant, que quelques mots ramenant à leur plus simple expression, d'abord la partie qui m'a principalement occupé, puis celle qui a pris, comme incidemment, place dans mes réflexions.

L'eau qui sert à la consommation générale, quand on est obligé de l'acheter, est toujours réduite au plus strict nécessaire, même dans les maisons aisées qui pourraient en avoir en profusion, à plus forte raison dans les établissements gérés par des administrations où l'économie est de règle. La difficulté, et quelquefois presque l'impossibilité du transport, rendent de leur côté les fournisseurs eux-mêmes parcimonieux ; ils font juste mesure. Aussi n'est-il pas rare que l'eau manque ou que l'emploi en soit trop ménagé, surtout dans les maisons de grande consommation ; j'en ai cité des exemples.

Je propose additionnellement à tout ce qui existe,

ne voulant point jeter la perturbation dans les
habitudes, je propose, dis-je, de remplacer la
disette par l'abondance, sans nouveaux frais une
fois qu'on a fait ceux qui mettent en mesure de
recevoir un don qui s'offre de lui-même, libéral, pro-
digué à tous. Ajoutez à cette faveur le prix assez
flatteur, à ce qu'il me semble, d'avoir son eau chez
soi, son eau favorite du moins, laissant à se pourvoir ailleurs pour les besoins ordinaires.

Les incendies, dont j'ai donné en second lieu des
descriptions assez étendues, sont trop fréquents à
Paris pour qu'il n'y ait pas dans leur invasion une
cause facile à reconnaître, et qu'on semble néanmoins ne pas apercevoir : cette cause tient à l'obli-
gation où l'on est d'acheter l'eau. Nous venons de
voir que tous les ménages, les services publics
eux-mêmes, ne s'en procurent qu'au jour le jour,
d'où il suit qu'il n'y a de réserve nulle part, et que
l'extinction d'un incendie à temps, au début, a été,
jusqu'au moment actuel, partout impossible. Admettre en principe des constructions de citernes,
ce serait comprendre l'étendue des secours qu'on
peut d'avance être assuré d'en obtenir, sous les
deux rapports dont je viens de faire une courte
récapitulation.

Si je suis parvenu, comme je l'espère, à faire
apprécier les avantages que promettent avec certitude
les propositions que j'ai émises dans cet écrit,
j'aurai atteint mon but. Les difficultés d'exécution
sont trop légères pour que l'on puisse les opposer

en contre-poids. C'est ainsi qu'avec le secours de
l'expérience, on fera successivement disparaître,
jusqu'à leurs dernières traces, les préjugés que
nous ont légués les temps antérieurs sur un produit
naturel que nous pouvons si heureusement adapter
aux besoins de notre existence.

OBSERVATIONS RELATIVES A L'ALGÉRIE.

Dès les premiers temps qui suivirent la conquête
de la régence d'Alger par la France, des travaux
furent entrepris sur différents points, ayant pour
objet de pourvoir d'eau, d'une manière permanente,
les nombreuses contrées qui, chaque année, par de
trop longs intervalles, en manquent. Les pluies,
ce que nous apprennent les rapports qu'on nous
communique, sont très-abondantes en Algérie,
dans certaine saison de l'année; puis, passé l'épo-
que, elles cessent complètement, et la chaleur d'un
ciel sans nuages leur succède. Mais on ne paraît
pas avoir eu en vue de profiter de l'eau du ciel
pour répondre aux besoins des habitants et à ceux

des troupes, dans les lieux de station ou de garnison qui leur étaient assignés. Les irrigations, les détours de quelques cours d'eau ou les emprunts faits à des rivières, furent plutôt les moyens que l'on employa. Insensiblement on est arrivé jusqu'à tenter le forage d'un puits artésien, et le succès obtenu a été, pour les Arabes, un sujet à la fois de surprise et d'admiration.

Cependant les indigènes avaient donné l'exemple du prix qu'ils attachent à l'eau de pluie, car toutes les maisons qui leur appartiennent, même celles qui se trouvent situées à proximité des sources ou des rivières, ont une citerne. C'est un usage consacré par les temps, et qui existe d'ailleurs dans d'autres parties de l'Afrique. Or, s'il est de règle de consulter les habitudes des naturels d'un pays où l'on veut s'établir, peut-être eut-on dû, sinon imiter ponctuellement celles que l'on voyait assidument suivre, au moins chercher à savoir si l'expérience ne les avait pas rendues indispensables. Car l'eau d'Afrique, en général, ne passe pas pour toujours réunir les qualités que doit avoir une eau saine, et quand tout un peuple s'accorde pour en bannir, ou peut-être seulement pour en restreindre l'usage, ce doit être pour les étrangers un avertissement dont il est prudent de tenir compte.

Cette considération a dû mériter l'attention des autorités actuelles, chargées de gouverner et d'administrer ce pays, représentées elles-mêmes par leurs correspondants ou leurs délégués, auxquels a pu être laissée, à cet égard, une large initiative dans toutes les dépendances du territoire. Aussi avons-nous appris sans étonnement que, depuis assez longtemps déjà, non-seulement dans les lieux où l'eau est rare, mais encore et surtout dans les villes qui prennent le plus vite un aspect européen, se construisent des citernes. Ainsi les maisons à type moderne, que les colons ont fait bâtir, vont ressembler, sous le rapport des coutumes, aux anciennes maisons arabes, puisque les unes et les autres auront leur citerne intérieure. Les renseignements que nous avons donnés sur la construction peuvent donc être utiles pour établir les nouvelles citernes, qui doivent nécessairement différer des autres, ne fût-ce que dans leur forme et dans la nature des matériaux. Mais les changements qui s'opèrent dans un grand nombre de propriétés particulières ne peuvent manquer de s'étendre aussi à des résidences militaires ou administratives, où des projets conçus dans les mêmes vues seraient en voie d'exécution. Il en sera de même, sans doute, partout où des cultures et des entreprises industrielles auront de la stabilité, partout où s'établira la fixité des positions que l'armée aura à sa garde. L'Algérie a, dans les divisions qui la constituent, comme l'empire lui-même, ses institutions, ses établissements militaires ou civils, ses casernes, ses hôpitaux, ses théâtres, ses écoles, ses manufactures, ses musées même, quelques monuments rappelant l'antique domination. Les moyens de conservation et de prévoyance que nous

avons indiqués, ne pouvant être que les mêmes, quel
que soit le pays qui les réclame, nous ne saurions
non plus qu'admettre une parfaite identité entre des
intérêts d'Europe et ceux qu'inspirent les régions
africaines, récemment décorées du nom de nouvelle
France.

LA PLUIE MÉTÉORE.

Placer la pluie parmi les autres météores, la
confondre avec eux, c'est trop peu se défier de
l'erreur; il fallait une distinction. Les météores,
en général, ceux surtout de courte durée, ne sont
eux-mêmes que les effets d'une cause que nos sens
n'aperçoivent point, effets quelquefois d'une appa-
rition sinistre, lancés avec impétuosité contre nous,
ou vagues et restant ignorés. La pluie, au contraire,
nous est connue; nous savons comment elle se
forme, nous ne la voyons jamais changer de direction, et si nous pouvons lui prêter quelque mission,
c'est celle de ne nous apporter que des bienfaits.
Une nappe d'eau de l'épaisseur des quatre cin-
quièmes d'un mètre, couvrant chaque année la

surface du monde que nous habitons, et n'y arrivant
que successivement par couches variables, selon les
besoins qu'elle doit satisfaire, ne devait pas avoir
son rang à côté de la grêle. On a célébré la terre
dans son mouvement de rotation silencieux, l'eau
en général, l'air, le feu. Après ces grandes images,
ne devait-on pas aussi célébrer la pluie? Elle est
dans l'air, par son existence séparée, propre, ce
qu'elle sera bientôt sur la terre. Pluie torrentielle
désastreuse, dira-t-on; parce que du haut d'une
montagne, que figure un grain de sable collé sur
une sphère de 30 centimètres, la foudre, fendant
la nue, a précipité sur la terre une masse liquide
dont le poids surchargeait l'atmosphère, et qui
descend en torrents dans des ravins trop impru-
demment habités. Mais ailleurs que sur les montagnes, au-dessus de la plaine, les nuages orageux,
annonçant la pluie encore en suspens dans l'air,
n'ont rien d'inquiétant; leurs flancs ne renferment
pas la tempête, l'éclair qui en jaillit, presque
toujours simple avant-coureur des ondées qui
opèrent leur chute, n'est pas d'un augure sinistre,
car c'est la surface de la terre qui les reçoit et s'en
laisse pénétrer; pluie alors plutôt source féconde
d'abondance que désastreuse, plutôt richesse que
ruine; désirée par les pâturages des montagnes
voisines, par d'autres terres arides, par des sables
cultivés, des landes de trop faible rapport, partout
promettant d'heureuses récoltes quand les phénomènes célestes ne se désaccordent pas entre eux.

— 68 —

Tel est en résumé, dans nos climats, le météore appelé la pluie, trop indépendant dans son action sur le sol pour qu'on ne doive pas l'étudier à part. Les conséquences que l'on peut tirer de cette action sur les êtres animés, végétaux et animaux, prouvent que la pluie, aussi bien que l'air, est essentielle à la vie; sans elle, nous le répétons à dessein, le monde serait inhabitable et condamné à une existence stérile. D'autres pays, sous des latitudes différentes, en sont moins favorisés. Mais les contrastes les plus frappants sont empruntés à l'histoire, qui n'a pas laissé ignorer à quelles horribles angoisses ont été en proie, par la privation de l'eau, des hommes que de fausses sécurités avaient entraînés dans des entreprises hasardées ou héroïques, à travers des zônes que domine trop le soleil. La manne du désert, subissant les fictions que l'imagination créa pour la peindre, ne fut peut-être, sous sa forme emblématique, que la pluie d'un orage.

CONCLUSIONS

1° Le *Traité des Airs*, *des Eaux et des Lieux* est une conception sublime ; les erreurs qu'on y remarque appartiennent aux théories du temps d'Hippocrate. Ces trois points, mis au niveau des connaissances modernes, pourraient former encore aujourd'hui un code d'hygiène publique.

2° Les eaux de rivières, de sources, de fontaines, de puits et autres, qui donnent à l'analyse un précipité de matières salines qu'elles tenaient en dissolution, sont suspectes à des degrés différents, selon la quantité du précipité. Quand il s'y joint un goût de fadeur et qu'elles laissent un sentiment de pesanteur à l'estomac, elles sont impotables.

3° Les eaux de puits, pour lesquels on a creusé la terre à plus de 10 mètres de profondeur, quand on atteint des sources en contact avec des gisements gypseux ou calcaires, sont toujours surchargées des matières que leur fournit ce contact, et doivent être signalées comme dangereuses.

4° L'eau de pluie, appelée eau de citerne en désignation du lieu où elle est conservée, n'a pas d'égale ; nous la conseillons, soit comme addition à l'emploi des eaux ordinaires, soit exclusivement à toute autre, quand on peut suffisamment s'en procurer.

.V.

5° L'eau de citerne, à cause de sa simplicité, ne pouvant produire aucun effet de décomposition des substances qui y seraient mêlées, est plus propre qu'aucune autre à la composition des tisanes de malades, quelle qu'en soit la formule, et à la préparation des médicaments administrés sous forme liquide.

6° Dans les conditions de santé, l'emploi de l'eau de citerne peut se résumer ainsi qu'il suit : 1° fabrication du pain; 2° préparation des aliments; 3° boisson alimentaire ou tempérante.

7° Une indication nouvelle et importante dans l'emploi de l'eau de citerne, concerne les incendies ; elle a été expliquée en parlant de ce qu'on a appelé citernes à double usage et réservoirs clos. L'application de ce procédé admet la possibilité d'éteindre, d'un seul coup, un incendie à son début ou déjà déclaré, quand on lui lance à la fois l'eau nécessaire qu'il faut avoir sous la main; les petites quantités d'eau ne servant souvent qu'à ranimer le feu.

8° Pour tirer rapidement, et autant que l'exige le besoin, l'eau des citernes ou des réservoirs clos qui peuvent exister dans les cours ou à proximité d'un bâtiment incendié, les pompes à main, que nous avons indiquées et décrites, paraissent être préférables à tout autre moyen.

FIN.

TABLE

Vaugirard, imprimerie d'Alfred Choisnet, rue de l'Église, 6.

VAUGIRARD

TYPOGRAPHIE D'ALFRED CHOISNET

Rue de l'Église, n° 6

1858

www.ingramcontent.com/pod-product-compliance
Lightning Source LLC
Chambersburg PA
CBHW070917280326
41934CB00008B/1760